흥미진진한 사건이 줄줄이
역사 속 **장난꾸러기** 이야기

## 흥미진진한 사건이 줄줄이
# 역사 속 장난꾸러기 이야기

설흔 글 | 김규택 그림

## 들어가는 글

# 역사에 남은
# 장난꾸러기들

장난꾸러기라는 말을 들으면 어떤 생각이 드니?
아하, 남을 괴롭히는 못된 아이의 얼굴이
저절로 떠오른다고?
그래, 내가 하려는 이야기에 나오는 장난꾸러기들도
못된 말과 못된 행동을 참 많이 했어.
어떤 장난꾸러기는 거짓말로 남의 집을 빼앗았고,
또 어떤 장난꾸러기는 엉터리 노래를 퍼뜨려
공주와 결혼했고, 또 어떤 장난꾸러기는 장인을 속였고,
또 어떤 장난꾸러기는 할아버지의 속을 박박 긁었고,
또 어떤 장난꾸러기는 남의 가슴을
섬뜩하게 만드는 말을 했지.
그런데 난 이렇게 말하고 싶어.

장난이 꼭 나쁜 것만은 아니라고.
장난이 꼭 못된 것만은 아니라고.
때로는 장난꾸러기들이 역사를 만든다고.
장난꾸러기들이 도대체
어떻게 역사를 만드는 걸까?
궁금하면 이제 이야기 속으로
떠나 볼까?

# 차례

들어가는 글 **역사에 남은 장난꾸러기들**     4

첫 번째 이야기
**꾀를 내어 집을 빼앗은 장난꾸러기**     8

이야기 속 역사 읽기
석탈해의 정체는 무엇일까?

두 번째 이야기
**엉터리 노래를 퍼뜨려
공주와 결혼한 장난꾸러기**     38

이야기 속 역사 읽기
서동은 정말 선화 공주와 결혼했을까?

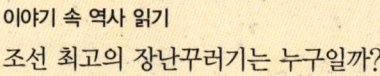

세 번째 이야기
**임금님 앞에서 장인을 놀린 장난꾸러기**     60

이야기 속 역사 읽기
조선 최고의 장난꾸러기는 누구일까?

### 네 번째 이야기

## 할아버지 속을 박박 긁은 장난꾸러기   82

**이야기 속 역사 읽기**
할아버지는 왜 숙길이에게 엄하게 대했을까?

### 다섯 번째 이야기

## 양반들을 덜덜 떨게 한 장난꾸러기   106

**이야기 속 역사 읽기**
정수동은 기발한 익살꾼이었어

역사 이야기를 좋아하는 아이들만 보는 **역사 퀴즈**   120

아직도 **역사 공부**가 더 하고 싶다면   121

**역사 용어 풀이**   122

첫 번째 이야기

# 꾀를 내어 집을 빼앗은 장난꾸러기

신라

굉장히 오래전의 이야기야.
얼마나 오래전이냐 하면
무려 2000년도 더 전에 일어난 일이거든.
미리 말하자면 나도 2000년 전의 일은 잘 몰라.
그렇긴 해도 내 커다란 목소리로 자신 있게
말할 수 있는 게 한 가지는 있지.
그건 바로 2000년 전에도 장난꾸러기가 있었다는 사실!

**석탈해(?-80)**
신라의 제4대 왕.
탈해왕이라고도 불러요.

**아진의선(?-?)**
고기잡이 할머니

**호공(?-?)**
신라의 관리

신라의 경주 동쪽 아진포에는 혼자 사는 할머니가 있었어. 이 할머니의 이름은 아진의선인데 고기잡이였지.

　어느 날 아침 일찌감치 바닷가로 간 할머니는 깜짝 놀랐어. 갑자기 바다에 바위 하나가 생겨났거든. 할머니는 뭘 잘못 봤는가 싶어 주름 많은 손으로 눈을 비볐어. 눈을 가늘게 뜨고 새로 생겨난 바위를 보았어.

　"아하, 바위가 아니라 배로군."

**아진의선** 아진포에 살고 이름이 의선인 사람이라고 해석하는 학자들도 많아요.

그래, 할머니가 바위라고 생각했던 건 배였어. 할머니는 바다로 들어가 배를 육지 가까이까지 끌고 왔어. 그런데 어디선가 갑자기 까치 떼가 몰려오는 게 아니겠어. 할머니는 참 신기한 일이라고 여기며 배를 살펴보았어.

  그 순간 할머니는 또다시 깜짝 놀랐어. 배 안에는 길이가 스무 자, 폭이 열석 자나 되는 궤짝이 있었지.

  '그냥 둘까? 열어 볼까?'

  할머니는 고민, 또 고민을 했어. 그냥 두자니 안에 든 게 뭔지 너무 궁금했고, 열어 보자니 무서운 괴물 같은 게 튀어나올까 봐 두려웠어. 할머니는 하늘을 쳐다보며 물었어.

  "그냥 둬야 하나요? 열어 봐야 하나요?"

**자** 손을 폈을 때, 엄지손가락 끝에서 가운뎃손가락 끝까지의 길이를 1자라고 했으나, 시대별로 1자의 길이가 달라져서 고려 시대에는 1자가 30센티미터가 넘었대요.

한참 기다려 봤지만 하늘에선 아무런 대답도 내려오지 않았어. 구름 하나가 지나갔을 뿐이고, 바람 한 줄기가 불어왔을 뿐이었지.

할머니는 고개를 끄덕이고 주먹을 불끈 쥐었어. 그러곤 궤짝을 확 열었지. 궤짝이 열린 순간, 할머니는 또다시 깜짝 놀랐어. 이번에는 정말 심장이 떨어질 정도로 깜짝 놀랐어. 왜 그랬는지 아니? 아, 글쎄 궤짝 안에서 어린 소년이 튀어나왔거든.

머리가 유난히 큰 소년은 눈을 반짝이며 이렇게 말했어.

"저는 용성국이란 곳에서 왔어요."

용성국? 할머니는 그런 나라에 대해서 들어 본 적

용성국 『삼국사기』에는 다파나국이라고 되어 있어요. 실제로 존재했던 나라인지 아닌지는 알 수 없어요.

이 없었어. 그래서 이렇게 물었지.

"용성국은 어떤 나라냐?"

"용왕이 다스리는 나라이지요. 저는 용성국의 왕인 함달파의 아들입니다."

할머니는 고개를 갸웃하고는 이렇게 물었어.

"그럼 네가 왕자라는 뜻인데, 도대체 왜 배를 타고 여기까지 왔느냐?"

소년은 머리를 한 번 긁적이고는 씩 웃었어. 그러곤 이렇게 말했어.

"사실 저는 알에서 태어났어요. 제가 배를 탄 건 알을 깨고 나오기 전의 일입니다. 용성국 사람들이 알을 꺼려 그렇게 된 것이지요."

소년의 이야기는 들으면 들을수록 알쏭달쏭했어.

소년의 말대로라면 알의 상태로 배에 실린 거였지. 그런데 소년은 깨어나기도 전의 일을 자기 두 눈으로 똑똑히 본 것처럼 말하고 있었지. 소년은 또다시 씩 웃고는 말을 이었어.

"붉은 용들이 호위해서 여기까지 왔습니다. 살기 좋아 보이네요. 앞으로는 이 나라에서 살렵니다."

할머니는 자신이 붉은 용을 보았던가 하고 생각을 해 보았어. 그런 기억은 전혀 없었지. 하지만 할머니는 소년이 용왕의 자식이라면 뭐 그럴 수도 있겠다고 여겼어. 그래서 이렇게 말했지.

"알겠다. 그럼 나와 함께 내 집에서 지내도록 하자꾸나. 저기 보이는 마을에 있단다. 그리 크지는 않지만, 두 사람이 함께 살 정도는 되지."

"할머니, 저를 도와주셨으니 제가 큰 집을 얻어 드릴게요."

금방 배를 타고 도착한 소년이 도대체 어떻게 큰 집을 얻을 수가 있겠어? 할머니는 그래도 그렇게 말하는 소년이 대견했지. 그래서 이렇게 말했어.

"알겠다. 큰 집을 얻어 주렴."

　말을 마친 소년은 곧장 토함산으로 달려갔어. 걸음이 어찌나 빠른지 소년을 지켜보던 할머니는 머리가 어질어질할 정도였지. 한달음에 산꼭대기에 도착한 소년은 사방을 둘러보았어. 그러다가 갑자기 히히 소리 내 웃었어.
"저기라면 제법 살 만하겠군."
　소년이 바라본 쪽에는 초승달 같은 산봉우리가 있었어. 그리고 그 산봉우리 밑에는 커다란 집 한 채가 있었지.

　소년은 올라갈 때만큼 빠른 속도로 산에서 내려왔어. 소년은 숨 한 번 헐떡거리지 않고 할머니에게 이렇게 말했지.

"저한테 숫돌과 숯을 구해다 주세요. 그럼 큰 집을 얻어 드릴게요."

　할머니는 소년이 하는 말을 제대로 이해할 수 없었어. 집을 구하는데 왜 숫돌과 숯이 필요한 걸까? 그렇지만 할머니는 곧바로 집에서 숫돌과 숯을 가져

와서 소년에게 주었
지. 숫돌과 숯으로 집을
얻을 수 있으면 좋은 거였고,
그렇지 않아도 크게 손해 볼 일은

아니었으니까 말이야. 숫돌과 숯을 받아 든 소년은 히히 소리 내 웃었어.

"그럼 며칠만 기다리세요."

소년은 꾸벅 인사를 하고 달리기 시작했어. 할머니는 소년이 사라질 때까지 한참을 쳐다보았어. 소년이 보이지 않게 되자, 이렇게 중얼거렸지.

"거참, 재미있는 아이로군."

며칠이 지났어. 소년이 점찍은 집에는 호공이 살고 있었어. 아침 일찍 일어나 정원을 거닐던 호공은 누군가 문을 세게 두드리는 소리를 들었어.

'이른 아침부터 누가 찾아온 걸까?'

호공은 하인을 시켜 문을 열게 했어. 하인 뒤에 서

---

호공 일본에서 건너온 사람이래요. 호(瓠)는 표주박이라는 뜻인데 일본에서 올 때 표주박을 허리에 차고 왔기 때문에 호공이라는 이름이 붙었어요.

서 지켜보던 호공은 깜짝 놀랐어. 문밖에는 어린 소년이 있었지. 머리가 크고 눈이 반짝반짝 빛나는 귀여운 소년이었어.

호공은 하인을 물러가게 하고 어린 소년을 직접 맞이했어.

"그래, 무슨 일로 내 집 문을 두드렸느냐?"

"무슨 말씀이십니까? 여기는 내 집입니다."

"뭐라고?"

"어르신이 내 집을 차지하고 계시다는 말입니다."

"그게 무슨……."

호공은 어이가 없어서 말도 제대로 잇지 못했어. 소년은 한 걸음 다가와 호공의 눈을 똑바로 보며 말했어.

"여긴 우리 조상님이 사시던 집입니다. 그러니까 내가 물려받아야 하는 것이지요."

호공이 근엄한 목소리로 말했어.

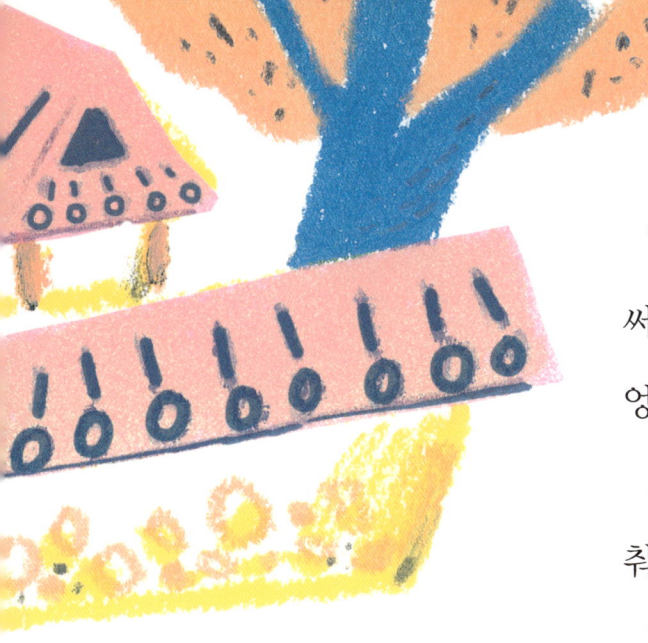

"내가 이 집에 산 게 벌써 몇 년이다. 그런데 무슨 엉뚱한 소리를 하느냐?"

소년은 목소리를 잔뜩 낮춰서 말했어.

"우리 조상님이 사시던 집이 맞습니다."

호공은 그게 무슨 소리냐고 했고, 소년은 계속해서 자기 집이라고 우겼어. 싸움은 좀처럼 끝이 나지 않았어. 결국 호공은 소년에게 이렇게 말했지.

"그럼 관청으로 가자꾸나. 관청으로 가서 이 집의 주인이 누구인지 가려보자꾸나."

호공은 관청으로 가자고 하면 소년이 물러설 줄 알

앉어. 하지만 소년은 히히 소리 내 웃더니 이렇게 말했어.

"좋습니다. 관청으로 갑시다."

관리는 호공을 반갑게 맞이했어. 두 사람은 잘 아는 사이였거든.

"오늘은 무슨 일로 오셨습니까?"

호공은 소년을 가리키며 말했어.

"글쎄 이 소년이 내가 살고 있는 집이 자기 조상님의 집이라는군."

관리는 고개를 갸웃했어. 관리가 기억하는 한 호공은 몇 년째 계속 같은 집에 살고 있었어. 그러니까 소년의 주장은 터무니없는 거였지. 관리는 무섭게 눈을 뜨고 목소리를 높였어.

"네 이놈, 도대체 무슨 소리를 하는 게냐?"

하지만 소년은 하나도 겁을 먹지 않았어. 겁을 먹기는커녕 히히 소리 내 웃곤 이렇게 말했지.

"우리 조상님은 대장장이셨습니다. 오랫동안 여기서 사셨지요. 그런데 다른 곳에 일을 나가셨다 그만 돌아가셨지요. 그 사이 이 사람이 집을 빼앗은 겁니다."

소년이 손가락으로 호공을 가리키자, 호공은 발끈했어. 관리는 호공을 말린 뒤 소년에게 물었어.

"네 말만 듣고 집을 넘길 수는 없다. 증거, 증거가 있느냐?"

"있고말고요."

소년의 자신 있는 대답에 관리도 놀라고 호공도 놀

랐어. 소년은 계속해서 이렇게 말했어.

"집 앞을 파 보세요. 원래 대장간이 있던 곳이니 숫돌과 숯이 있을 겁니다."

칼을 만들고 도끼를 만들던 곳이니 불을 피우는 숯과 칼이나 도끼를 날카롭게 만드는 숫돌이 남아 있을 거라는 이야기였어.

호공이 관리를 보며 말했어.

"그런 게 있을 리가 없소. 이 소년은 거짓말을 하는 거요."

관리는 소년과 호공을 번갈아 보며 고민했어.

그 사이 소년이 말했지.

"문제는 간단합니다. 집 앞을 파 보면 되니까요. 아무것도 안 나오면 저는 물러가겠습니다."

관리가 호공을 보았어. 호공이 대답했어.

"좋소, 파 봅시다. 어차피 그런 물건이 있을 리가 없을 테니."

관리는 부하들을 데리고 호공의 집으로 갔어. 관리의 부하들이 땅을 파는 동안, 호공은 소년을 노려보았어. 아무것도 나오지 않으면 소년을 붙잡아 놓고 혼쭐낼 심산이었지. 그때 관리의 부하들이 땅파기를 중단하고 이렇게 말했어.

"여기 숫돌과 숯이 있습니다."

"뭐라고?"

호공이 깜짝 놀라 땅 판 곳을 보았어. 관리의 부하들 말대로였어. 거기엔 숫돌과 숯이 분명히 있었어. 소년은 숫돌을 들고 이렇게 말했어.

"우리 조상님의 물건들을 이렇게 다시 찾게 되는군요."

관리는 소년과 호공을 번갈아 보았어. 그러곤 이렇게 말했지.

"이 집은 이 소년의 집이 맞습니다."

그래, 이렇게 해서 소년은 큰 집을 얻게 되었어. 어떻게 된 일인지 모르는 친구는 없겠지? 혹시 잘 모르는 친구를 위해 설명해 줄게. 소년은 호공을 만나기 전날 밤 이미 호공의 집에 와 있었어. 밤이 깊었을 때를 기다렸다가 조용히 땅을 팠어. 숫돌과 숯을 넣고는 다시 흙을 덮었지. 그러고는 발로 잘 밟아서 팠던 흔적을 없애 버렸지. 이제 왜 이 소년을 장난꾸러기라고 불렀는지 알겠지?

이 장난꾸러기 소년의 이름은 탈해란다. 성은 석이니까 석탈해. 석탈해라는 소년이 무척 똑똑하다는 소문이 연기처럼 빠르게 퍼졌어. 퍼지고 퍼져서

왕궁까지 퍼졌어.

  신라의 임금님은 석탈해를 불러들였지. 이야기를 나눠 보니 장난기가 조금 많기는 해도 똑똑한 건 틀림없는 사실이었어. 그래서 임금님이 어떻게 했는지 아니? 자기 딸과 결혼을 시켰어. 이렇게 해서 용성국에서 온 소년 석탈해는 신라 공주의 남편이 되었어. 나중에는 아예 신라의 임금님이 되었지. 이 임금님이 바로 탈해왕이란다. 장난꾸러기가 임금님까지 되었으니 참 대단하지?

**신라의 임금님** 제2대 임금님인 남해왕이에요.

### 이야기 속 역사 읽기

## 석탈해의 정체는 무엇일까?

> 노례왕(유리왕)이 세상을 떠난 뒤 탈해가 왕이 되었다. (중략) 탈해는 성을 석씨로 정했다. 까치 덕분에 궤짝을 열게 되었기 때문이다. 까치는 한자로 작(鵲)이다. 새 조(鳥)를 떼어 버리고 석(昔)을 성으로 쓴 것이다. 알에서 태어나 궤짝에서 벗어났기 때문에 이름을 탈해(脫 벗을 탈, 解 풀 해)라고 한 것이다. 23년 동안 왕위에 있다 세상을 떠났다.
>
> 『삼국유사』 중에서

귀여운 장난꾸러기 석탈해의 이야기 잘 읽었니? 여기서는 이 이야기가 나온 배경을 잠깐 살펴보도록 할게. 이야기를 통해 가장 먼저 알 수 있는 건, 석탈해는 처음부터 신라 사람이 아니었다는 사실이야. 다른 나라에서 온 이주민이라는 뜻이지. 석탈해는 자신이 용성국에서 왔다고 했는데 용성국이 어디인지는 아쉽게도 알 수가 없단다.

또 하나, 장난꾸러기 석탈해는 자신이 곧장 신라로 온 것처럼 말했는데 그건 사실이 아니야. 『삼국유사』에는 석탈해가 신라에 오기 전 가야에 먼저 들렀던 이야기가 나온단다.

> 탈해가 수로왕에게 말했다.
> "왕 자리를 빼앗으러 왔소."
> "하늘이 내게 준 자리다."
> "그렇다면 대결을 합시다."
> "좋다."
> 탈해가 매로 변하니 왕은 독수리로 변했다. 탈해가 참새가 되니 왕은 새매가 되었다. 탈해가 엎드려 항복했다.
>
> 『삼국유사』 중에서

꼭 판타지 영화 같은 이야기지? 탈해가 가야에 먼저 들렀지만, 가야는 탈해를 받아 주지 않았다는 사실을 알 수 있단다. 그래서 탈해는 신라로 갔고, 아진의선의 도움을 받아 신라에 정착할 수 있었단다. 나중에는 왕까지 되었고 말이야.

역사 상식을 하나 알려 주자면, 신라의 왕을 배출한 성씨는 박씨, 석씨, 김씨뿐이지. 바로 석탈해의 후손들이 석씨 왕들이지. 그리고 나중에 등장한 김씨가 가장 세력이 강했단다.

## 아진의선의 정체는 무엇일까?

아진의선에 대한 이야기를 해 볼까? 『삼국유사』에는 아진의선이 '혁거세왕의 고기잡이 할머니'라고 적혀 있지. 그냥 고기잡이 할머니라고 했으면 별 문제가 없는데, 그 앞에 혁거세왕이라는 말이 붙은 게 문제야.

그래서 어떤 학자들은 아진의선이 그냥 고기잡이 할머니가 아니라 혁거세왕의 무당 같은 사람이라고 생각한단다. 또 어떤 학자들은 신라에서는 무당이 꽤 많은 권력을 지닌 사람이었으므로 아진의선도 신분이 꽤 높았을 것이라고 생각한단다. 그러니까 석탈해는 신분 높은 아진의선의 도움을 받아서 신라의 왕이 되었다는 이야기지.

**생각하는 역사왕**
- 까치 떼는 왜 탈해가 탄 배 주위로 몰려들었을까?
- 다른 나라에서 온 탈해가 호공의 집을 빼앗았다는 건 무슨 뜻일까?

두 번째 이야기

# 엉터리 노래를 퍼뜨려 공주와 결혼한 장난꾸러기

신라
백제

혹시 서동이라는 이름을 들어 본 적 있니?
지금부터 귀 쫑긋하고 잘 들으렴.
서동은 말이지, 엉터리 노래를 퍼뜨려서
신라 공주를 어려움에 빠뜨렸어.
사람들에게 자기가 용의 아들이라고 말했고,
황금을 잔뜩 갖고 있으면서도 돌멩이라고 떠들고 다녔어.
어때? 정말 뻔뻔하고, 조금 이상하기까지 한 장난꾸러기지?
이 특별한 장난꾸러기에 대해 더 자세히 알아볼까?

**무왕 (?-641)**
왕이 되기 전 이름은
서동, 백제의 제30대 왕

**진평왕 (?-632)**
신라의 제26대 왕

**선화 공주 (?-?)**
진평왕의 셋째 딸로 전해짐

먼 옛날, 백제 땅에 서동이란 소년이 있었어. 서동의 '서'는 '마'라는 식물을 말해. 서동이라는 이름에는 '마를 파는 소년'이라는 의미가 담겨 있어. 마는 뿌리를 쪄서 먹기도 하고, 즙을 내서 먹기도 했지. 그런데 서동은 마를 파는 소년치고는 남다른 구석이 많았어. 누가 서동더러 아버지는 누구냐고 물으면 이렇게 대답했대.

"내 아버지는 용왕입니다."

서동은 진지한 얼굴로 말했지만, 사람들은 서동의

말을 믿지 않았어. 왜냐하면 서동에겐 아버지가 없었거든. 그래서 이렇게 놀렸지.

"용왕의 아들이 왜 마를 팔고 다니느냐?"

서동은 씩 웃으며 이렇게 대답했지.

"앞날을 위해 이것저것 경험하고 있는 중입니다."

넉살 좋은 서동의 대답에 사람들은 깔깔대며 웃었어. 하지만 아이치고 배포가 크다면서 고개를 끄덕이는 사람들도 서넛은 있었지.

그러던 어느 날이었어. 어떤 사람이 마를 사더니 서동에게 이렇게 물었어.

"자네 아버지가 용왕이라면서?"

서동은 큰 소리로 대답했어.

"네, 맞습니다."

그 사람은 서동을 위아래로 찬찬히 훑어보더니 이렇게 말했어.

"그렇다면 적어도 공주님이랑 결혼을 해야 격이 맞겠군."

"그렇겠지요?"

"신라 진평왕의 셋째 딸 선화 공주가 그렇게 예쁘다는 소문이 우리 백제 땅에도 가득하다네. 어떤가? 선화 공주와 결혼을 할 생각은 없는가?"

며칠 뒤 신라의 경주에 마를 파는 소년이 나타났어. 그래, 바로 서동이었지. 서동이 "마를 사세요, 마를 사세요!" 하고 외치니까 동네 꼬마들이 줄줄이 쫓아다녔어. 서동이 뛰면 꼬마들도 뛰었고, 서동이 걸으면 꼬마들도 걸었고, 서동이 멈추면 꼬마들도 멈췄어. 서동은 꼬마들에게 마를 하나씩 나눠 줬어. 기뻐하는 동네 꼬마들에게 서동은 이렇게 말했어.

"너희들, 내가 노래 하나 가르쳐 줄까?"

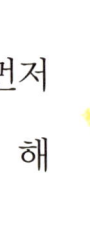

"네!"

"자, 그럼 내가 먼저 부를 테니 따라서 해 봐!"

"네!"

"선화 공주님은 밤이 되면 남몰래"

"선화 공주님은 밤이 되면 남몰래"

"서동을 안고 간단다."

"서동을 안고 간단다."

서동은 씩 웃고는 이렇게 말했어.

"자, 그러면 처음부터 불러 봐."

꼬마들은 커다란 목소리로 노래를 불렀어.

"선화 공주님은 밤이 되면 남몰래 서동을 안고 간

단다."

서동은 또다시 씩 웃으며 이렇게 말했어.

"잘했다. 틈날 때마다 이 노래를 부르고 다니렴. 다음에 만나면 마를 또 공짜로 줄 테니까."

꼬마들은 서동이 시킨 대로 노래를 부르며 돌아다녔어. 짧고 간단한 노래라 어느새 어른들도 따라서 부르게 되었지. 어느 날 거리에 나온 신하가 이 노래를 듣게 되었지. 신하는 서둘러 궁궐로 가 진평왕에게 보고를 했어.

"백성들이 이상한 노래를 부르고 있습니다."

"무슨 노랜가?"

"그, 그게……."

"말해 보시오."

"선화 공주님이 밤마다 서동이란 사람을 안고 다닌답니다."

"뭐라고?"

깜짝 놀란 건 진평왕만이 아니었어. 그 자리에 있던 다른 신하들도 모두 깜짝 놀랐지. 신하들이 한목소리로 말했어.

"공주님으로서 해서는 안 되는 행동입니다. 공주님을 궁궐에서 내쫓으십시오."

진평왕이 당황한 목소리로 말했어.

"그냥 노래일 뿐이오. 선화 공주는 궁궐 밖으로 나간 적이 한 번도 없소."

신하들이 목소리를 더 높여서 말했어.

"노래가 그냥 나왔을 리 없습니다. 공주님을 궁궐에서 내쫓으십시오."

진평왕은 그게 아니라고 말했지만 신하들은 한번 먹은 마음을 결코 바꾸지 않았어. 결국 진평왕은 이렇게 말했지.

"알겠소. 그대들의 뜻이 그렇다면 따르겠소. 공주를 내쫓겠소."

깜짝 놀란 친구도 있을 거야. 어떻게 아버지가 딸을 내쫓을 수 있느냐고 말이야. 하지만 옛날엔 그러기도 했어. 소문만으로 사람을 벌주기도 했던 때였어. 선화 공주의 어머니는 마지막으로 선화 공주를 불러 황금을 건네며 울먹였어.

"이 황금만 있으면 어떻게든 살 수는 있을 게다."

선화 공주는 어머니가 준 황금을 품 안에 넣고 궁궐을 나왔어. 조금 걷다 보니 낯선 사람이 다가왔어.(그래, 바로 서동이었어.)

"제가 모시고 가겠습니다."

선화 공주는 고개를 끄덕였어. 궁궐 밖으로 나온 건 처음이라 함께 가 준다는 말만으로도 정말 기뻤어. 공주는 품 안에서 황금을 꺼냈어. 그걸 서동에게 건네며 말했지.

"황금이에요. 이것만 있으면 잘살 수 있어요."

서동은 황금을 한참 동안 바라보았어. 그러고는 이렇게 말했지.

"그런 황금은 이미 산더미처럼 갖고 있습니다."

선화 공주는 깜짝 놀라 이렇게 말했어.

"황금은 궁궐에도 얼마 없어요."

서동은 씩 웃으며 말했어.

"정말입니다. 제 말을 못 믿겠다면 저를 따라와 보십시오."

공주는 잠깐 고민하다 서동을 따라가기로 했어. 어차피 갈 곳도 없었으니까 말이야. 서동은 공주와 함께 걷고 또 걸었어. 신라 땅을 벗어나 백제 땅까지, 백제 땅에서도 자기가 사는 집까지 걷고 또 걸었어. 집 가까이 온 서동은 자기가 마를 캐던 곳으로 선화 공주를 데려갔어.

"어머, 황금이 정말 많네요."

서동의 말은 사실이었어. 황금이 꼭 돌멩이처럼 굴러다녔어. 서동은 씩 웃으며 이렇게 말했어.

"공주님, 나랑 결혼하지 않으시겠습니까?"

공주는 곰곰 생각했어. 사실 공주가 보기에 서동은 꽤 믿음직했어. 서동이 아니었다면 선화 공주는 낯선 길을 떠돌고 다녔을 거야. 선화 공주는 서동을 보며 이렇게 물었어.

"그런데 난 아직 그대의 이름도 몰라요. 이름이 뭐예요?"

서동은 이번에도 씩 웃으며 이렇게 말했어.

"서동입니다."

선화 공주는 깜싹 놀랐어. 자기를 궁궐에서 쫓겨나게 만든 사람이 바로 앞에 서 있었던 거야. 선화 공주가 물었어.

"정말 서동이에요?"

서동은 대답 대신 노래를 불렀어.

"선화 공주님은 밤이 되면 남몰래 서동을 안고 간단다."

두 사람은 어떻게 되었을까? 두 사람은 결혼해서 부부가 되었단다. 장난꾸러기 서동이 만들어 퍼뜨린 엉터리 노래 때문이었지. 그런데 서동은 나중에 어떻게 된 줄 아니? 백제의 임금님이 되었단다. 백제의 무왕이 바로 서동이란다.

**이야기 속 역사 읽기**

# 서동은 정말 선화 공주와 결혼했을까?

> 서동은 신라 진평왕의 셋째 공주 선화가 아름답다는 말을 듣고는 머리를 깎고 신라로 갔다. 동네 아이들에게 마를 먹이니 아이들은 서동을 따르게 되었다. 그래서 서동은 동요를 지어 아이들에게 가르쳐 준 뒤 아이들에게 그 동요를 부르도록 했다.
>
> 『삼국유사』 중에서

서동은 신라로 건너가 마와 노래만으로 신라의 공주와 결혼을 했어. 어때? 서동의 재치가 정말 대단하지? 마를 파는 소년이 신라의 공주와 결혼을 하겠다고 한다면 예나 지금이나 참 무모하다고 했을 텐데 말이야. 서동은 정말 용기 있고 배포가 크지?

그런데 실제로 백제의 무왕이 신라의 선화 공주와 결혼했는지를 알려 주는 역사 자료는 아직 발견되지 않았단다.

서동과 선화 공주는 누구일까?

사실 서동이 누구인지는 분명치가 않아. 『삼국유사』를 쓴 일연은 서동의 아버지가 용이라고 했어. 아버지가 누구인지 모르겠다는 뜻이야. 그런데 『삼국사기』를 쓴 김부식은 서동의 아버지가 백제의 제29대 왕인 법왕이라고 했어. 법왕의 아들인 무왕, 즉 백제의 왕자였다고 한 거야.

선화 공주에 대한 역사 자료는 아예 없어. 무슨 말이냐고? 신라 진평왕에게는 두 딸이 있었단다. 첫째 딸은 덕만인데 나중에 선덕 여왕이 되지. 둘째 딸은 천명인데 나중에 김춘추를 낳지. 어찌된 영문인지 진평왕의 셋째 딸 이야기는 기록에 보이지 않는단다.

『삼국유사』에 서동과 선화 공주가 미륵사를 창건했다는 기록이 나와. 그래서 어떤 학자들이 미륵사 터에서 나온 유물들을 조사했어. 그랬더니 무왕의 부인, 즉 백제 왕후는 백제 사람인 사택적덕의 딸이라는 기록이 나왔어. 백제의 무왕이 바로 서동이라고 했는데, 무왕의 부인은 사택적덕의 딸이래. 과연 선화 공주는 누구일까?

### 신라와 백제의 관계가 좋지 않았어

신라 진평왕 때는 신라와 백제의 사이가 무척이나 좋지 않았어. 신라는 고구려와도 사이가 좋지 않았지. 실제로 진평왕은 군사를 일으켜 백제를 침략하기도 했고, 수시로 고구려의 침략을 받아서 골머리를 앓고 있었어. 백제의 무왕도 신라를 여러 차례 공격했지. 백제 사람과 신라의 공주가 결혼할 만한 상황이 아니었다는 뜻이야.

그래서 학자들은 이 이야기를 놓고 다양한 해석을 내놓았단다. 서동이 무왕인 게 맞기는 한데 부인은 선화 공주가 아니었다는 해석도 있고, 선화 공주가 죽은 다음에 결혼한 사람이 사택적덕의 딸이었다는 해석도 있고, 서동은 무왕이 아니라 몇 백 년 전에 살았던 다른 사람이라는 해석도 있어.

물론 내 역사 지식으로는 어떤 해석이 맞는지 모르겠어. 그렇기는 해도 서동은 우리나라 역사에서 볼 수 있는 몇 안 되는 짓궂은 장난꾸러기인 것만은 분명해. 너의 생각은 어떠니?

> **생각하는 역사왕**
>
> - 왜 진평왕은 공주의 말은 들어 보지도 않고 공주를 궁궐에서 내쫓았을까?
> - 서동은 왜 황금이 귀한 줄을 전혀 몰랐을까?

세 번째 이야기

# 임금님 앞에서 장인을 놀린 장난꾸러기

조선

장난꾸러기라고 해서 아이들만 떠올리면 곤란해.
무슨 말인가 하면 어른들 중에도 장난꾸러기가
꽤 많았다는 뜻이야. 지금부터 소개하려는 사람은
장난이 심해 '장난 대마왕'이라는 별명까지
붙었던 사람이야. 이 어른의 이름은 바로 이항복이야.
이항복은 도대체 어떤 장난을 쳤기에
그런 별명까지 얻게 되었을까?
궁금한 친구는 귀를 쫑긋 세우고 잘 들어 봐.

**이항복 (1556-1618)**
조선의 학자이자 정치가

**권율 (1537-1599)**
조선의 장군

선조 임금님 시절, 욕심 많기로 소문난 재상이 있었어. 그런데 이 재상은 욕심이 많으면서도 고상한 취미를 지니고 사는 것처럼 보이기를 원했어. 그래서 사람들에게 이렇게 말하고 다녔지.

　"내 취미는 괴상하게 생긴 돌멩이(괴석)를 모으는 것입니다."

　취미는 고상했는데 괴석을 모으는 방법이 문제였어. 수레를 몰고 이 집 저 집 기웃거리다가 좋은 괴석이 있으면 그냥 가지고 나왔어.

**재상** 이품 이상의 높은 벼슬자리에 있는 사람을 말해요.

사람들은 억울했지만 뭐라고 따지지도 못했어. 그 재상의 권력이 너무 강해서 괜히 건드렸다 혼쭐이라도 날까 봐 그냥 입을 다물었던 거지. 이 이야기를 들은 이항복이 어느 날 재상을 찾아가 이렇게 말했어.

"우리 집 뒷동산에 괴석이 하나 있습니다. 수많은 괴석을 보아 왔지만 이렇게 괴상한 건 처음 보았습니다."

재상은 호기심이 생겼어. 그래서 이렇게 물었지.

"한 번 보러 가도 되겠소?"

이항복은 고개를 살짝 저었어.

"너무 귀한 괴석이라 보여 주기가 좀 그렇습니다."

이항복이 그렇게 나오자, 재상은 보고 싶은 마음이 더 커졌어.

"한 번 보여 주시오."

"정 그렇다면 내일 오시지요."

"나에게 줄 생각은 없소?"

"마음에 꼭 드시면 드릴 생각도 있습니다."

다음 날 재상은 하인 한 명과 함께 이항복의 집으로 갔어. 하인을 시켜 괴석을 들고 올 심산이었지. 그런데 이항복은 괴석을 아예 보여 주지도 않았어. 그러고는 이렇게 말했어.

"대대로 내려오는 괴석이라 아무래도 드리기가 어려울 것 같습니다."

"그럼 보여라도 주시오."

"보여 드리면 갖고 싶어 하실 것 같아서요."

재상이 몇 번을 말했지만, 이항복의 대답은 똑같았어. 재상은 일단 집으로 돌아가기로 했지. 하지만 재상은 욕심이 많은 사람이었어. 일단 마음에 둔 건 가져야 직성이 풀리는 사람이었지.

그 뒤로 재상은 하루가 멀다 하고 이항복의 집에

갔어. 하지만 답은 늘 똑같았어. 재상이 강제로라도 괴석을 빼앗아야겠다고 마음먹었을 즈음, 마침내 이 항복이 이렇게 말했어.

"정 그렇다면 드리겠습니다."

"고맙소."

"그런데 괴석의 크기가 굉장합니다. 적어도 백 명은 있어야 가져갈 수 있습니다."

재상은 깜짝 놀랐어. 얼마나 크고 귀한 괴석이기에 백 명이나 필요할까 하고 말이야. 그런데 사람 백 명을 쓰려면 드는 돈이 만만치 않았어. 재상은 잠깐 고민했어. 그러다 결정을 했지. 사람들을 부르기로. 귀한 괴석을 차지하려면 어느 정도의 손해는 감수하기로 말이야.

다음 날 재상은 백 명의 사람들을 데리고 이항복의 집을 찾았어. 이항복을 본 재상은 이렇게 말했어.

"자, 이제 괴석을 내놓으시오."

이항복은 고개를 끄덕였어. 그러고는 손가락을 들어 이렇게 말했어.

"가져가시지요. 괴석은 저기에 있습니다. 참 크고 멋지지요?"

재상은 이항복의 손가락이 가리키는 곳을 보았어. 그곳은 바로 남산이었어. 아닌 게 아니라 크고 멋진 괴석이기는 했어. 문제는 그게 남산에 있는 바위였다는 사실이었지. 이항복은 재상의 속이 타는지 안 타는지 아무것도 모르는 사람처럼 이렇게 말했어.

"우리 집 뒷동산의 괴석, 참 크고 멋지지요?"

이항복은 자신의 장인에게도 장난을 쳤어. 이항복의 장인은 권율이었어. 권율의 이름을 들어 본 적이 있을 거야. 그래, 임진왜란 때 행주산성에서 대승을 거둔 바로 그 권율이 이항복의 장인이었어.

권율은 이항복만큼이나 농담과 장난을 좋아했어. 농담과 장난을 좋아하는 두 사람이 만났으니 어땠겠어? 그래, 볼 때마다 농담하고 장난치느라 시간 가는 줄을 몰랐지.

그러던 어느 여름날의 일이었어. 그날은 몹시 더웠지. 두 사람 다 높은 벼슬자리에 있는 관리라 궁궐에 가려고 자리에서 일어났어. 그런데 갑자기 이항복이 버선을 벗어 버리는 게 아니겠어? 권율이 깜짝 놀라 물었어.

"궁궐에서는 옷을 잘 갖춰 입는 게 예의일세. 그런데 왜 버선을 벗는가?"

이항복이 손으로 버선을 두드리며 대답을 했어.

"너무 더워서 못 견디겠습니다. 장인 어르신께서도 벗으시지요. 궁궐에서는 신발을 신고 있으니 버선을 신었는지 벗었는지 누가 알겠습니까?"

이항복의 말이 그럴듯했어. 그래서 권율도 버선을 벗고 신발을 신었지. 두툼한 버선이 없으니 더위도 그럭저럭 견딜 만했지.

문제는 궁궐에서 생겼어. 임금님이 말을 마치자, 이항복이 살짝 앞으로 나오며 말했어.

"날씨가 너무 덥습니다. 신발이라도 벗으면 그나마 예절에도 덜 어긋나며 시원하기도 할 것 같습니다."

그 말을 들은 권율의 가슴이 철렁했어. 신발을 벗으면 맨발인 게 들통이 나게 돼. 권율은 임금님이 이

임금님 조선의 제14대 왕인 선조 임금님이에요.

항복의 청을 허락하지 않기만을 바라고 또 바랐어. 하지만 임금님은 이렇게 말했어.

"그거 좋은 생각이구려. 모두들 신발을 벗으시오."

가장 높은 영의정부터 신발을 벗었어. 드디어 권율의 차례가 되었어. 권율은 머리를 숙이고 거절했어.

"신발을 벗는 것은 예절에 어긋납니다. 그냥 신고 있겠습니다."

"오늘은 괜찮소."

임금님이 말했지만 권율은 신발을 벗지 않았어. 임금님은 권율이 지나치게 예절 바른 사람이라 거절한 다고 생각했어. 그래서 내시를 불러 권율의 신발을 벗겨 주라고 했지. 내시가 신발을 벗기는 동안 권율은 눈을 질끈 감았지. 권율의 맨발이 드러나자 신하

들도 놀라고 임금님도 놀랐어. 임금님이 물었어.

"아니 왜 버선을 안 신으셨소?"

권율은 이항복을 힐끗 봤어. 이항복이 얼굴에 웃음을 잔뜩 짓고 있었어. 권율은 임금님에게 말했어.

"이항복의 신발을 벗기소서. 이항복도 분명 버선을 안 신고 있을 것입니다."

임금님은 이항복을 쳐다봤어. 이항복은 잔뜩 굳은 얼굴로 신발을 벗었어. 그런데 이게 웬일이야? 이항복은 버선을 신고 있는 거였어. 그제야 권율은 이항복에게 속았다는 사실을 깨달았어. 권율은 고개를 푹 숙이고 임금님에게 말했어.

"죄송합니다. 제 사위인 이항복에게 오늘도 속고 말았습니다."

임금님은 너무 웃겨서 손뼉을 치며 크게 웃었대. 다른 신하들도 모두 웃었고, 이항복도 웃었지. 단 한 사람, 권율만 웃을 수 없었지.

장난이 심하기는 했어도 이항복의 사람됨이 훌륭해서 사람들은 이항복을 좋아했어. 이항복은 영의정까지 지냈지만 평생 가난하게 살았어. 나라에서 주는 돈 외에는 전혀 받지 않았거든. 먼저 말하기보다는 상대방의 말을 먼저 들어주고 공평한 의견을 제시하는 사람이 바로 이항복이었대.

> **이야기 속 역사 읽기**

# 조선 최고의 장난꾸러기는 누구일까?

> 이항복은 성격이 쾌활하고 풍채와 태도가 모두 훌륭했다. 젊었을 때부터 이덕형과 함께 이름을 날렸다. 이덕형과 함께 승진했으며, 글재주도 두 사람 모두 뛰어났기 때문에 정철은 두 사람을 이렇게 평가했다.
> "복되고 재주 많은 기린과 봉황이다."
>
> 『조선왕조실록』 중에서

이항복은 영의정까지 지낸 사람으로선 드물게 장난과 웃음이 많은 사람이었어. 어찌나 장난과 웃음이 많았는지 옛날 사람들 이야기를 담은 책에는 이항복의 이름이 빠지지 않고 등장한단다. 그런데 이항복을 말할 때마다 꼭 함께 등장하는 사람이 있어. 바로 이덕형이란다.

너희들, 혹시 '오성과 한음'이라고 들어 봤니? 오성이 이항복이고, 한음이 이덕형이야.

## 우리나라 대표 장난꾸러기들, 오성과 한음

전해 내려오는 이야기 속의 오성과 한음은 어려서부터 쭉 친한 친구였지. 하지만 그건 사실과 달라. 둘은 과거 시험장에서 처음 만났어. 그때 이항복의 나이가 스물두 살, 이덕형의 나이가 열일곱 살이었지. 이항복이 이덕형보다 다섯 살이나 많았고, 성격도 많이 달라서 이항복은 호탕했고, 이덕형은 침착했지. 그럼에도 불구하고 두 사람은 평생 서로를 존경하며 살았어.

오성과 한음은 장난이 심하고 지혜가 뛰어났어. 나쁜 일을 하는 사람들을 골려 주기도 하고, 부인, 도깨비 등 가리지 않고 골탕을 먹였대. 이야기들이 사실인지는 알 수 없지만, 두 사람이 지혜가 뛰어나고 기발한 장난을 즐긴 것은 틀림없어.

### 이항복은 그냥 장난꾸러기가 아니었어

이항복은 사람들과 두루 친하게 지내는 걸로도 유명했어. 장난꾸러기이기는 했지만 모나지 않은 성품이라 다들 이항복을 좋아했거든. 그렇지만 이항복은 꼭 해야 할 말이 있을 때는 또 하는 사람이었어. 그래서 이항복은 당시의 임금님이던 광해군에게 쓴 말을 했다가 귀양을 가서 죽게 된단다. 멀고 먼 북쪽 땅 함경도 북청으로 귀양 가던 이항복이 광해군을 생각하며 쓴 시는 정말로 유명하지. 이해하기 쉽게 풀어 써 볼게.

> 철령 높은 고개를 쉬었다 넘어가는 저 구름아!
> 외로운 신하의 원통한 눈물을 비 삼아 띄웠다가
> 임금님 계신 궁궐에 뿌려 보면 어떠리.
>
> 『북천일록』 중에서

이항복이 죽자 많은 이들이 슬퍼했어. 서울에서 북청까지 직접 찾아온 이들도 있었어. 장례에 쓰라며 사람들이 보내 준 베도 수만 필이나 되었대. 그뿐만이 아니야. 관이 지나는 곳마다

---

『북천일록』 이항복의 제자 정충신이 남긴 일기예요.

사람들이 몰려들어 앞으로 나아가기도 힘들 정도였대. 결국은 이항복을 귀양 보냈던 광해군도 이항복을 용서하고 슬픔을 표시했지.

난 이항복이 장난꾸러기가 가야 할 길을 제대로 보여 준 사람이라고 생각해. 다른 사람을 괴롭히는 장난이 아니라 모두를 즐겁게 하고 한 번 더 생각해 보게 하는 장난을 친 사람이 바로 이항복이야. 그랬기에 이항복의 이름이 오래도록 남아 있는 걸 거야.

생각하는 역사왕
- 이항복은 재상에게 왜 좋은 괴석이 있다고 거짓말을 했을까?

네 번째 이야기

# 할아버지 속을 박박 긁은 장난꾸러기

조선

이번에는 할아버지 속을 박박 긁은
장난꾸러기 이야기를 들려줄게.
왜 아버지가 아닌 할아버지 속을 박박 긁었느냐고?
거기엔 이유가 있어. 이 장난꾸러기의 이름은 숙길이야.
그런데 숙길이의 아버지는 숙길이가 여섯 살 되던 해에
세상을 떠났어. 그래서 할아버지가 아버지의 역할을
대신하게 된 거란다. 그러면 할아버지에게 고마워해야지
왜 속을 박박 긁었느냐고? 그러게 말이야.
숙길이가 어떻게 할아버지 속을 긁었는지 살펴보자.

이문건 (1494–1567)
조선의 학자이자 징치가

이수봉 (1551–1594)
이문건의 손자.
어릴 적 이름은 숙길.

숙길이가 처음 할아버지 속을 박박 긁은 건 일곱 살 때의 일이었어. 낮잠을 즐기던 할아버지는 밖에서 들려오는 숙길이의 앙칼진 목소리를 듣고 잠에서 깼어.

"내가 뭘 잘못했다고 그래?"

"할머니가 뭐라 그랬지? 나쁜 말은 하면 안 된다고 했지?"

"몰라, 몰라."

할아버지는 문을 박차고 나가려다 간신히 참았어.

**숙길** 이름이 여러 차례 바뀌는데, 여기서는 숙길이라고 부르기로 해요.

당장 나갔다간 숙길이를 마구 때릴 것 같아서 말이야. 그런데 가만히 앉아서 듣자니 숙길이의 말은 점점 더 심해졌어.

"숙길아, 말하기 전에 꼭 생각하고 말하도록 해라."

"몰라, 난 잘못한 것 없어."

할아버지는 더 참지 못하고 자리에서 벌떡 일어났어. 회초리를 들고 문을 활짝 열었어.

"숙길아, 너 좀 혼나야겠다."

도망가려던 숙길이는 할아버지의 무서운 얼굴에 겁을 먹고 할아버지에게로 왔어.

"바지를 걷어라."

할아버지는 회초리로 숙길이의 종아리를 때렸어. 숙길이가 "앙!" 하고 울음을 터뜨렸어. 할아버지의 마음은 편치가 않았지. 그래도 잘못은 다스려야 하는 법이야. 할아버지는 다섯 대를 때린 뒤 숙길이에게 물었어.

"앞으로 또 잘못을 저지르겠느냐?"

숙길이가 울먹이면서 대답했어.

당장 나갔다간 숙길이를 마구 때릴 것 같아서 말이야. 그런데 가만히 앉아서 듣자니 숙길이의 말은 점점 더 심해졌어.

"숙길아, 말하기 전에 꼭 생각하고 말하도록 해라."

"몰라, 난 잘못한 것 없어."

할아버지는 더 참지 못하고 자리에서 벌떡 일어났어. 회초리를 들고 문을 활짝 열었어.

"숙길아, 너 좀 혼나야겠다."

도망가려던 숙길이는 할아버지의 무서운 얼굴에 겁을 먹고 할아버지에게로 왔어.

"바지를 걷어라."

할아버지는 회초리로 숙길이의 종아리를 때렸어. 숙길이가 "앙!" 하고 울음을 터뜨렸어. 할아버지의 마음은 편치가 않았지. 그래도 잘못은 다스려야 하는 법이야. 할아버지는 다섯 대를 때린 뒤 숙길이에게 물었어.

"앞으로 또 잘못을 저지르겠느냐?"

숙길이가 울먹이면서 대답했어.

"다시는 그러지 않겠습니다."

할아버지는 고개를 끄덕이고 그만 가도 좋다고 말했지. 절뚝이는 숙길이를 보자 할아버지는 한숨을 쉬었어. 할아버지는 손으로 가슴을 움켜쥐고는 부디 숙길이가 말귀를 잘 알아들어 다시는 숙길이를 때릴 일이 없기만을 바라고 또 바랐어.

숙길이가 그다음으로 할아버지의 속을 박박 긁은 건 열 살 때의 일이었어. 그날은 마침 단옷날이었어. 단옷날엔 그네 타기를 즐기는 풍습이 있어.

숙길이는 아침 일찍부터 그네를 탔지. 한 시간, 두 시간, 세 시간, 네 시간이 지났어. 함께 놀던 다른 아이들은 집으로 돌아갔는데 숙길이는 계속해서 그

네를 탔어.

보다 못한 할아버지가 숙길이에게 말했어.

"이제 그네 그만 타고 집에 가서 책을 읽도록 해라."

숙길이는 커다란 목소리로 대답했어.

"네."

그러나 말뿐이었어. 숙길이는 그네 타기를 멈추지 않았어. 할아버지는 또다시 숙길이에게 말했어.

"그네 그만 타고 시를 지어라. 안 그러면 그네를 끊어 버리겠다."

숙길이는 커다란 목소리로 대답했어.

"네."

그러나 이번에도 말뿐이었어. 숙길이는 그네 타기를 멈추지 않았어. 할아버지는 화가 난 나머지 진짜로 그네를 끊어 버렸어. 할아버지는 그것으로도 분이 풀리지 않아 이렇게 말했어.

"손들고 서 있거라!"

숙길이는 손을 제대로 들지 않고, 새끼줄도 아닌데 자꾸 몸을 이리저리 꼬았지.

할아버지는 회초리를 들었어. 한 대, 두 대, 세 대……. 모두 열 대를 때렸어. 그리고 이렇게 말했어.

"지금은 열 대로 끝낸다. 하지만 못된 짓 하는 게 내 눈에 보이면 더 때릴 거다."

할아버지가 회초리를 놓자 숙길이는 고개를 숙이고 훌쩍였어. 그런 숙길이를 보자 할아버지의 마음이 또다시 아팠지. 할아버지는 가슴을 움켜쥐고 하늘을 보며 한숨만 휴 하고 내쉬었지.

숙길이가 그다음으로 할아버지의 속을 박박 긁은

건 열세 살 때의 일이었어. 이웃집에서 큰 잔치가 있어서 할아버지는 숙길이를 데리고 갔어. 가는 도중에 할아버지는 숙길이에게 단단히 일렀어.

"남들이 보고 있으니 행동에 조심해야 한다. 혹시 술을 권하거든 절대 마시지 말고. 알겠느냐?"

숙길이는 커다란 목소리로 대답했어.

"네."

마침내 이웃집에 도착했어. 주인이 버선발로 나와서 할아버지를 반겼어. 주인은 할아버지를 마루로 안내했지. 할아버지는 마루로 올라가기 전 숙길이를 보며 손을 흔들었어. 절대로 술을 마시지 말라는 뜻이었지. 숙길이도 알아들은 듯 고개를 연신 끄덕였어. 얼마 뒤 할아버지가 마루에서 내려와 숙길이를

찾았어. 숙길이는 한참
뒤에 어디선가 나타났어.
얼굴이 붉었고, 다리가 휘청거렸어.
할아버지가 물었어.
"너 술 마셨느냐?"
숙길이는 커다란 목소리로 대답했어.

"아닙니다."
하지만 할아버지는 숙길이의 말을 믿지 않았어. 할아버지는 주인에게 인사하고 밖으로 나왔어. 집으로 가는 도중 할아버지는 숙길

이에게 다시 물었어.

"너 술 마셨느냐?"

숙길이는 조금은 자신 없는 목소리로 대답했어.

"아닙니다."

할아버지는 숙길이에게 다시 물었어.

"너 술 마셨느냐?"

숙길이는 들릴 듯 말 듯 조그마한 목소리로 대답했어.

"네."

집에 도착한 할아버지는 숙길이를 혼내지 않았어. 그냥 방으로 들어가 버렸지. 숙길이는 다행이라 여기고 자기 방으로 들어갔어. 하지만 다음 날 아침 일찍 할아버지가 숙길이의 방으로 왔어. 회초리를 들고서 말이야. 할아버지는 이렇게 말하면서 숙길이의 종아리를 때렸어.

"술 취한 아이를 혼내 봤자 소용없기에 하루를 기다린 것이다."

한 대, 두 대, 세 대……. 할아버지는 스무 대를 때리고서야 회초리를 놓았어. 이제 숙길이는 울지 않았어. 입술을 깨물고 눈물을 꾹 참았지. 잘못했다는 말도 하지 않았지. 밖으로 나온 할아버지는 하늘을 보며 긴 한숨을 쉬었어.

숙길이가 마지막으로 할아버지의 속을 박박 긁은 건 열여섯 살 때의 일이었어. 사실 할아버지는 공부를 굉장히 많이 한 학자였어. 그랬기에 할아버지는 숙길이에게 옛날 역사책들을 읽게 하고 모르는 건 친절하게 가르쳐 주려 애를 썼지. 할아버지 속을 박박 긁은 사건이 일어났던 그날도 역사책으로 수업을 하고 있었어. 수업 시간 내내 숙길이는 계속해서 한눈을 팔았어. 할아버지는 꾹 참고 설명을 이어 갔지. 그런데 설명을 다 들은 숙길이가 이렇게 말하는 거야.

"할아버지 말씀은 틀린 것 같습니다."

할아버지는 어이가 없어서 이렇게 물었어.

"지금 뭐라고 했느냐? 내 설명이 틀렸다고?"

숙길이는 커다란 목소리로 대답했어.

"네."

할아버지는 꾹 참고 이렇게 말했어.

"그럼 네가 한번 설명해 봐라."

"설명은 잘 못하겠지만, 아무튼 할아버지 말씀은 틀린 것 같습니다."

할아버지는 더 이상 참지 못하고 이번에도 회초리를 들었어. 할아버지는 한 대, 두 대, 세 대……. 삼십 대를 때리고서야 회초리를 놓았어. 사실은 더 때리려고 했는데 숙길이가 갑자기 "악!" 하고 소리를 지르는 바람에 그만둔 거야.

그날 밤 할아버지는 도통 잠이 오질 않았어. 밖으로 나가 어두운 하늘을 바라보았어. 그런데 문득 이런 생각이 들었지.

'숙길이는 결코 좋은 사람이 될 수 없을 거야.'

할아버지는 고개를 저었어.

숙길이가 말을 안 듣는 건 숙길이의 잘못만은 아니라는 생각이 들었어. 숙길이를 가르친 건 자신이니 자신이 잘못했다는 생각이 들었어. 할아버지는 어두운 하늘을 보며 하염없이 눈물을 흘렸어.

그 뒤로 숙길이가 할아버지의 속을 박박 긁는 일은 없었어. 숙길이가 드디어 철이 들었느냐고? 아니야, 할아버지가 세상을 떠났기 때문이야.

그렇다면 그 뒤로 숙길이는 어떻게 되었을까? 할아버지 생각대로 결코 '좋은 사람'이 못 되었을까?

아는 게 많은 할아버지였지만 이번에는 틀렸어. 숙길이는 좋은 사람이 되었어. 할아버지가 세상

을 떠나자 숙길이의 행동이 달라졌어. 아침에 일찍 일어나 공부하고, 욕도 하지 않고, 술도 마시지 않았어. 할아버지가 보았으면 꽤 흐뭇했을 거야.

그래서 숙길이가 나중에 어떻게 되었는지 아니? 임진왜란이 일어나자 의병을 모아 전쟁에 나갔어. 그 공로를 인정받아 나라에서 상을 주려 했지만 숙길이는 그 상을 거절했어. 용감한데 겸손하기까지 한 숙길이를 사람들은 칭찬하고 또 칭찬했어.

그 칭찬을 들으며 숙길이는 세상을 먼저 떠난 할아버지를 생각했을 거야. 장난꾸러기인 자신 때문에 한숨 쉬고 눈물 흘렸던 할아버지를 생각하며 고개를 푹 숙였을 거야.

> 이야기 속
> 역사 읽기

# 할아버지는 왜
# 숙길이에게 엄하게 대했을까?

> 아이가 어릴 적에는 어여삐 여기고 안타깝게 여겨 손가락 한 번도 댄 적이 없다. 그런데 지금 아이를 가르치게 되니 조급하게 화를 내고 좋지 못한 모습만 보이게 된다.
>
> 손자 역시 게을러 하루에 몇 장밖에 익히지를 못한다. (중략) 내가 죽은 후에야 이 모든 잘못을 그만두게 될 것이다.
>
> 아, 눈물을 흘리며 읊조린다. 내가 진심으로 손자에게 바라는 건, 학문을 완성하여 가문을 일으키는 것뿐이다.
>
> 「양아록」 중에서

조선 시대 사람 이문건이 쓴 『양아록』이라는 책에 나오는 이야기야. 이 이야기를 읽으면서 무슨 생각을 했니? 혹시 장난치고 말 안 듣는 숙길이가 조금 지나치다는 생각을 하지는 않았니? 그래, 숙길이가 모범적인 학생이 아닌 것만은 분명하지. 하지만 난 숙길이가 나쁜 사람이었다고는 생각하지 않아. 호기심 많은 어린아이가 한자리에 꼼짝하지 않고 앉아 공부만 하고 있기는 어려운 법이니까.

할아버지가 스스로 털어놓았듯 할아버지에게도 잘못이 있어. 마음이 조급해서 아직 어린아이에게 쉽사리 화를 내고 회초리를 든 면이 있기도 하거든. 그런데 나는 이 할아버지의 입장 또한 이해해 주고 싶어.

## 할아버지가 손자의 육아 일기를 썼어

숙길이의 할아버지는 이문건이라는 사람이야. 이문건은 원래 앞길이 창창하던 학자였어. 그런데 사화에 연루되어 하루아침에 유배를 떠나는 신세가 되었지. 유배 생활이 점점 길어

---

사화 많은 선비들이 한꺼번에 죽거나 유배를 가는 사건을 말해요. 이문건은 1545년에 일어난 을사사화 때 유배를 가게 되었어요.

지자 이문건은 초조해졌어. 이러다가 가문이 완전히 멸망하는 것은 아닌가 하고 고민을 하게 되었지. 그러다 보니 가문의 미래를 일으킬 손자 교육에 온 힘을 쏟게 된 거야. 아, 아들은 없었냐고? 아들도 있었어. 그런데 아들인 이온은 열병을 앓아 정신이 온전하지 않았어. 게다가 일찍 죽었지. 그러다 보니까 손자인 숙길이에게 지나칠 만큼 많은 관심을 쏟게 된 거였지. 할아버지는 숙길이가 자라는 과정과 숙길이를 가르친 내용을 기록하여 책으로 남겼어.

### 조선 시대에도 자식을 위하는 부모와
### 장난치고 싶고 놀고 싶은 아이들이 있었어

우리는 이 이야기를 통해 조선 시대에도 교육이 매우 중요했다는 것을 알 수 있어. 그때도 오늘날과 비슷해서 공부 잘해서 과거 급제하는 게 출세의 지름길이었거든.

그리고 조선 시대에는 아이들도 술을 마셨다는 사실을 알 수 있지.

또 한 가지, 그때도 아이들은 여전히 장난꾸러기였다는 사실도 알 수 있어.

마지막으로 또 한 가지, 이게 가장 중요한데 장난꾸러기라고 해서 걱정할 필요 없다는 거지. 장난꾸러기 숙길이가 자라서 의병을 일으켜 나라를 구하는 데 힘을 보탠 것이 바로 그 증거란다. 그러니까 장난 많이 쳐서 혼나는 친구들, 의기소침하지 않아도 된단다. 앞으로 잘하면 되니까 말이야.

**생각하는 역사왕**
- 숙길이는 왜 할아버지의 설명이 틀렸다고 했을까?

다섯 번째 이야기

# 양반들을 덜덜 떨게 한 장난꾸러기

조선

정수동이란 이름, 혹시 들어 보았니?
정수동은 통역을 하던 사람이었어. 시인으로 더 유명했지.
양반들은 자기들 모임에 정수동을 자주 불렀어.
재주가 많은데다가 웃기기는 또 엄청 웃겼거든.
그런데 정수동이 웃긴 말만 잘하는 건 아니었어.
양반들의 가슴을 철렁하게 하는 말도 참 잘했어.
덕분에 양반들은 한참 웃다가도 갑자기 가슴을
쓱 쓸어내려야 했지.
도대체 무슨 이야기이기에 양반들이 그랬을까?

**성수동 (1808-1858)**
조신의 시인이자 역관.
본명은 정지윤

**조두슌 (1796-1870)**
조선의 정치가

어느 날 정수동이 조두순 대감의 집에서 열리는 잔치에 초대 받았어. 문을 열고 들어서서 보니 어린애가 울고 있었어. 일을 도와주러 왔던 아이 어머니가 걱정스런 눈빛을 하고 서 있기에 정수동이 물었지.

"잔칫날 왜 우는 거요?"

"아이가 동전 한 닢을 삼켰습니다. 지금은 괜찮은데 잘못될까 봐 마음이 편치 못합니다."

　정수동은 웃으며 이렇게 말했어.

"괜찮소. 배를 살살 만져 주면 별 탈은 없을 거요."

**대감** 정이품 이상의 벼슬자리에 있는 사람을 높여 부르는 말이에요. 그보다 약간 낮은 벼슬자리에 있는 사람은 '영감'이라고 불렀어요.

아이 어머니는 정수동에게 고맙다며 인사를 했어. 정수동은 별일 아니라는 듯 손을 휘휘 내젓고는 이렇게 말했지.

"동전 한 닢은 아무 문제도 아니라오. 내가 아는

양반은 몇 만 냥을 꿀꺽 삼켰소. 그런데도 지금까지 멀쩡하지 뭐요?"

말을 마친 정수동은 고개를 돌려 마루에 앉아 있는 양반들을 보았어. 몇몇 양반들은 민망한지 고개를 살짝 돌렸지. 정수동은 아이에게 큰 소리로 이렇게 말했어.

"내 말 잘 들었지? 몇 만 냥 삼킨 양반은 아무 탈도 없이 잘산단다."

정수동의 말이 무슨 뜻인지 잘 모르는 친구들도 있을 거야. 정수동은 양반들이 악착같이 돈을 챙기는 모습을 빗대서 말한 거야. 나랏일에 열심이어야 할 양반들이 나랏일은 뒷전이고 백성들 돈을 빼앗기 위해 아등바등하는 모습을 빗대서 말한 거야. 몇몇 양

반들이 자기도 모르게 헛기침을 한 건 괜히 찔려서 그런 거야.

아이의 문제를 해결한 정수동이 마루 위로 올라왔

어. 양반들은 정수동 때문에 끊겼던 이야기를 계속했어. 정수동이 가만 들으니 세상에서 가장 무서운 게 뭔지 말하는 시간이었어. 모두들 할 말이 많은 듯 이런저런 의견을 내놓았지.

"난 도둑이 가장 무섭소."

"무슨 소리? 호랑이가 가장 무섭지."

그때 한 양반이 이렇게 말했어.

"무슨 소리? 양반이 제일 무섭지. 부하들을 시켜 도둑을 잡게 하고 사냥꾼을 시켜 호랑이를 잡게 하는 게 바로 양반이지."

모두들 고개를 끄덕였어. 하지만 정수동만은 꿈쩍도 하지 않았지. 조두순 대감이 웃으며 물었어.

"그래, 그대의 생각은 어떻소?"

정수동이 자세를 바로잡고 말했어.

"세상에서 가장 무서운 건 호랑이를 탄 양반 도둑입니다."

양반들이 서로를 쳐다보며 수군거렸어. 호랑이를 탄 양반 도둑이 뭘 말하는지 잘 몰랐기 때문이야. 정수동은 침 한 번 꿀꺽 삼키고는 이렇게 말했어.

"호랑이를 죽여 그 가죽을 깔고 살며, 백성들의 돈을 자기 돈인 것처럼 마구 빼앗는 이들이 바로 호랑이를 탄 양반 도둑이지요. 어떻습니까? 이런 사람이 가장 무섭지 않습니까?"

양반들은 갑자기 조용해졌어. 자기가 바로 정수동이 말한 그 사람인 게 들통날까 봐 괜히 먼 산만 바라보았지. 그동안 정수동은 뭘 했느냐고? 잔칫집에

갔으니 먹어야 하지 않겠어? 금강산도 식후경이라는 말이 있으니 먹고 또 먹어야 하지 않겠어? 양반들이 먹지 않고 먼 산만 바라보고 있으니 정수동이라도 먹고 또 먹어야 하지 않겠어?

**이야기 속 역사 읽기**

## 정수동은 기발한 익살꾼이었어

> 정수동은 늘 제 마음대로 행동했고 남들에게 구속되는 걸 무척 싫어했다. 규칙 같은 것을 하나도 지키지 않고 살았으면서도 믿음직하고 겸손하여 마치 말을 잘 못하는 사람 같았다. (중략) 그렇지만 손뼉을 치며 농담할 때는 잠깐 사이에 모든 이가 배꼽 빠지게 웃게 만들었다. 그의 뜻은 세상을 놀리는 데 있었다.
>
> 『이향견문록』 중에서

정수동은 대단한 사람은 아니었어. 신분은 양반이 아닌 중인이었지. 역관 일을 하면서 시를 썼지만 돈은 거의 벌지 못했어. 그나마도 조금 벌면 술 마시는 데 다 써 버렸어. 그러고는

중인 조선 시대 때 양반과 평민 사이의 계급에 속한 사람들을 말해요. 의원, 역관 같은 기술직 관리들이 많았지요.

세상을 떠돌아다니길 좋아했지. 그렇다면 이런 정수동을 소개하는 이유는 뭘까? 그건 바로 정수동이 대단한 장난꾸러기였기 때문이야. 그것도 그냥 장난꾸러기가 아니라 양반들의 가슴을 철렁하게 만드는 무서운 장난꾸러기였기 때문이야.

## 정수동은 조선의 기강이 흔들리던 시대에 태어났어

정수동이 살던 시대는 조선 시대 후기였어. 일부 양반들이 권력을 쥐고 흔들던 때였어. 백성들을 돌보지 않고, 자기들 이익 챙기기에만 바빴지. 백성들의 재산을 강제로 빼앗고, 백성들의 노동력을 마음대로 이용했어. 양반들의 횡포가 날로 심해졌지만, 백성들은 억울함을 호소할 데도 없었어. 다시 말하면 백성들이 살기가 참 어려웠던 때였지.

백성들이 양반들더러 뭐라 하기는 참 어려웠지. 양반들은 자기들한테 뭐라 하는 사람들을 그냥 두지 않았거든.

정수동은 좀 달랐어. 양반들에게도 쓴 말을 참 많이 했어. 그런데도 양반들은 정수동에게 벌을 줄 수가 없었어. 왜냐하면 정수동은 늘 농담인지 진담인지 모르게 말을 했거든. 거기다가 느릿느릿하게, 웃긴 말을 섞어서 무척이나 재미있게 말했거든. '기발한 익살꾼 정수동'으로 유명했을 정도야. 그러니까 양반들은 정수동을 혼낼 수가 없었어. 농담인데 혼을 냈다가는 속 좁은 사람으로 여겨질 테고, 진담인데 혼을 냈다가는 나쁜 양반임을 인정하는 꼴이 될 테니까 말이야. 그런 의미에서 정수동은 정말 대단한 장난꾸러기였던 셈이지.

### 왜 백성들은 정수동을 좋아했을까?

무언가에 빗대어 비웃거나 공격하는 걸 풍자라고 하는데, 정수동의 말과 행동에는 날카로운 풍자가 깃들어 있었어. 조선의 백성들은 자기들 대신 쓴 말을 잘도 하는 정수동을 참으로 좋아했지. 앞에서 소개한 『이향견문록』에는 사람들이 정수동을 어떻게 생각했는지 알 수 있는 장면이 하나 나와. 무슨 의미인지 잘 읽어 보렴.

『이향견문록』 유재건이라는 사람이 쓴 책이에요. 조선 시대의 낮은 계급 출신이면서도 각 방면에서 뛰어난 사람 308명을 소개한 책이지요.

귀한 사람, 천한 사람, 가까운 사람, 먼 사람 할 것 없이 모두들 그를 '정수동' 하고 불렀다.

**생각하는 역사왕**

- 정수동은 왜 양반들 앞에서 양반들 흉보는 이야기를 한 걸까?

## 역사 이야기를 좋아하는 아이들만 보는 역사 퀴즈

**맞으면 O, 틀리면 X를 써 보아요.**

1. 탈해가 타고 온 배 주위에 몰려든 새는 비둘기다. ( )

2. 탈해는 꾀를 써서 호공의 집을 빼앗았다. ( )

3. 서동은 마를 파는 소년이었다. ( )

4. 선화 공주는 진흥왕의 딸이었다. ( )

5. 이항복은 괴석을 수집하는 취미가 있었다. ( )

6. 이항복의 장인은 권율이었다. ( )

7. 숙길이는 일곱 살 때 술을 마셔서 크게 혼났다. ( )

8. 숙길이는 나중에 의병을 일으켰다. ( )

9. 정수동은 원래 역관이었다. ( )

10. 정수동은 호랑이를 무서워했다. ( )

정답은 뒤쪽에 있어요.

엄마 아빠도 알고 있을까요? 한번 물어봐요!

## 아직도 역사 공부가 더 하고 싶다면

1. 탈해왕릉과 월성에 대해 조사해 보자.(직접 가 봐도 된다.)

2. 무왕과 선화 공주와 관련이 많은 미륵사에 대해 조사해 보자.(미륵사 터에 가 봐도 된다.)

3. 오성과 한음의 우스운 이야기를 조사해 보자.

4. 부모님에게 회초리로 맞은 적이 있는지 물어보자. 있다면 왜 그랬는지도 물어보자.

5. 정수동에 관한 또 다른 우스운 이야기를 조사해 보자.

## 역사 용어 풀이

**남해왕** 신라의 제2대 왕이에요.

**대감** 정이품 이상의 벼슬자리에 있는 사람을 높여 부르는 말이에요. 그보다 약간 낮은 벼슬자리에 있는 사람은 '영감'이라 불렀어요.

**사화** 많은 선비들이 한꺼번에 죽거나 유배를 가는 사건을 말해요. 숙길이의 할아버지 이문건은 1545년 을사사화 때 유배를 가게 되었어요.

**『삼국사기』** 고려 인종 때 김부식이 왕명에 따라 펴낸 역사책이에요. 『삼국유사』와 더불어 우리나라에서 현재 전하는 역사책 중 가장 오래된 역사책이에요.

**『삼국유사』** 고려 충렬왕 때 보각국사 일연이 신라, 고구려, 백제 시대에 있었던 일들을 모아 지은 역사책이에요.

**선조** 조선의 제14대 왕이에요. 선조 때 임진왜란이 일어났어요.

**자** 길이를 재는 단위인데, 고려 시대에는 1자가 30센티미터가 넘었어요. '척'이라고도 하지요.

**재상** 이품 이상의 높은 벼슬자리에 있는 사람을 말해요.

역사 용어가 어렵다고요? 보고 또 보면 역사 용어와 친해질 수 있어요. 역사 용어를 알면
역사 이야기가 한층 더 흥미진진해지지요. 우리 함께 보면 볼수록 재미있는 역사 용어를 살펴볼까요?

**아진의선** 아진포에 살고 이름이 의선인 사람이라고 해석하는 학자들도 많아요. 탈해가 타고 있던 배를 발견한 고기잡이 할머니예요.

**중인** 조선 시대 때 양반과 평민 사이의 계급에 속한 사람들을 말해요. 의원, 역관 등 기술직 관리들이 많았지요.

**호공** 일본에서 건너온 사람이래요. 호(瓠)는 표주박이라는 뜻인데 일본에서 올 때 표주박을 허리에 차고 왔기 때문에 호공이라는 이름이 붙었어요.

**역관** 통역하던 사람을 말해요.

**용성국** 『삼국사기』에는 다파나국이라고 되어 있어요. 실제로 존재했던 나라인지 아닌지는 알 수 없어요.

**『이향견문록』** 유재건이라는 사람이 쓴 책이에요. 조선 시대의 낮은 계급 출신이면서도 각 방면에서 뛰어난 사람 308명을 소개한 책이지요.

**84쪽 역사 퀴즈 정답**
1. X  2. O  3. O
4. X  5. X  6. O
7. X  8. O  9. O  10. X

국립중앙도서관 출판예정도서목록(CIP)

흥미진진한 사건이 줄줄이 역사 속 장난꾸러기 이야기
/ 글 : 설흔 ; 그림 : 김규택. --고양 : 위즈덤하우스, 2016
p.   cm. -- (이야기 역사왕 ; 9)
ISBN 978-89-6247-766-5 74900 : ₩9500
ISBN 978-89-6247-478-7(세트) 74900

한국사[韓國史]
역사[歷史]
911-KDC6                    CIP2016020574

# 흥미진진한 사건이 줄줄이 역사 속 장난꾸러기 이야기

**초판 1쇄 인쇄** 2016년 8월 30일 | **초판 1쇄 발행** 2016년 9월 10일

**글** 설흔 | **그림** 김규택
**펴낸이** 연준혁 | **스콜라 부문대표** 황현숙
**출판 8분사 편집장** 최순영 | **편집1팀** 김민정 | **디자인** 달·리크리에이티브
**펴낸곳** ㈜위즈덤하우스 | **출판등록** 2000년 5월 23일 제13-1071호
**주소** 경기도 고양시 일산동구 정발산로 43-20 센트럴프라자 6층
**전화** (031) 936-4000 | **내용문의** (031) 936-4165 | **팩스** (031) 903-3891
**홈페이지** www.wisdomhouse.co.kr | **전자우편** scola@wisdomhouse.co.kr
**스콜라카페** www.cafe.naver.com/scola1

ⓒ 설흔, 김규택 2016
ISBN 978-89-6247-766-5 74900  978-89-6247-478-7(세트)

저작권법에 의해 한국 내에서 보호를 받는 저작물이므로 무단 전재와 복제를 금합니다.
이 책 내용의 전부 또는 일부를 이용하려면 반드시 저작권자와 ㈜위즈덤하우스의 동의를 받아야 합니다.
* 잘못된 책은 바꿔 드립니다.   * 책값은 뒤표지에 있습니다.

스콜라는 ㈜위즈덤하우스의 아동·청소년 브랜드입니다.